Johannes Bellebaum

„...und kosten von Freuden und Leiden"

Zu Heinrich Heines Gedicht „In der Fremde"

GRIN Verlag

Bibliografische Information der Deutschen Nationalbibliothek:

Die Deutsche Bibliothek verzeichnet diese Publikation in der Deutschen National-
bibliografie; detaillierte bibliografische Daten sind im Internet über http://dnb.d-
nb.de/ abrufbar.

Impressum:

Copyright © 2010 GRIN Verlag GmbH
Druck und Bindung: Books on Demand GmbH, Norderstedt Germany
ISBN: 978-3-640-88745-3

Dieses Buch bei GRIN:

http://www.grin.com/de/e-book/170107/und-kosten-von-freuden-und-leiden

GRIN - Your knowledge has value

Der GRIN Verlag publiziert seit 1998 wissenschaftliche Arbeiten von Studenten, Hochschullehrern und anderen Akademikern als eBook und gedrucktes Buch. Die Verlagswebsite www.grin.com ist die ideale Plattform zur Veröffentlichung von Hausarbeiten, Abschlussarbeiten, wissenschaftlichen Aufsätzen, Dissertationen und Fachbüchern.

Besuchen Sie uns im Internet:

http://www.grin.com/

http://www.facebook.com/grincom

http://www.twitter.com/grin_com

Westfälische Wilhelms-Universität Münster
Germanistische Fakultät
Abteilung für Sprachwissenschaft
Vertiefungsmodul Sprache
Seminar im Wintersemester 09/10
Lyrik im Unterricht

„...und kosten von Freunde und Leiden"
Referatsausarbeitung zu Heinrich Heines Gedicht „In der Fremde"

Johannes Bellebaum

5. Semester, BA-KIJU
katholische Theologie und Germanistik

Inhaltsverzeichnis

1. Einleitung

„Lies keine Oden mein Sohn, lies Fahrpläne: sie sind genauer." schreibt Hans Magnus Enzensberger in seinem Gedicht „Ins Lesebuch für die Oberstufe."[1] Damit bringt er eine weit verbreitete Position zur Sprache, die die Thematisierung von Lyrik im Unterricht in hohem Maße erschwert: bei der Lyrik, so die verbreitete Auffassung, handelt es sich um eine literarische Gattung, deren Aussagen weder eindeutig sind noch beim einmaligen Lesen letztgültig erfasst werden können.[2] Diese fehlende Genauigkeit im Text erzeugt vielfach einen ausgeprägten Widerwillen seitens der Schülerschaft, sich mit lyrischen Texten auseinander zu setzen.[3]

Es gilt daher, eine spezifische, auf die Bedürfnisse der Lyrik zugeschnittene Didaktik zu entwickeln und umzusetzen, um dem verbreiteten Unwillen entgegen zu wirken und zugleich die Besonderheiten und Vorzüge der Poesie in den Vordergrund zu rücken. Aufgrund der großen Variabilität dieses Bereiches der Literatur ist dabei die generelle Anwendung von einzelnen Methoden nur schwer möglich. Vielmehr muss eine Verknüpfung von Inhalt und didaktischer Methodik derartig gestaltet sein, dass nicht nur eine didaktische Orientierung am Thema der Lyrik erfolgt, sondern die Bezugnahme detailliert genug ist, um eine Verknüpfung singulärer, konkreter Textzugänge einzelner Teilbereiche des Gedichtes mit dazu passenden methodischen Zugängen zu erlauben.[4]

Aufbauend auf die Ergebnisse des Referates sollen zwei mögliche Zugangswege zu Heinrich Heines Gedicht „In der Fremde"[5] näher untersucht und exemplarisch mit potentiell geeigneten Vermittlungskonzepten verknüpft werden.

2. Die Naturanalogie

2.1 Untersuchung des Zugangsweges

Liest man den vorliegenden Text unter dem Aspekt der Naturbezüge, so wird eine Vielzahl an Begriffen aus diesem Wortfeld augenfällig.[6]

Schon zur Konkretisierung der Schönheit der vom lyrischen Ich beschriebenen Person

---

1 Enzensberger, *Hans Markus*: Ins Lesebuch für die Oberstufe. In: ders. Verteidigung der Wölfe. Suhrkamp. Berlin. 1957. S.90.
2 Vgl. Behrendt, *Martin*/Foldenauer, *Karl*: Werkbuch Lyrik. Westermann. 1979. S.4.
3 Vgl. Häusser, *Sonja*: Förderung der Vorstellungsbilder anhand visualisierender Methoden zu lyrischen Texten der Neuen Subjektivität. Grin. Norderstedt. 2008. S.13f.
4 Vgl. Vorst, *Claudia*: Der Schlüssel im Leser – Produktionsorientierter Umgang mit Literatur auf rezeptionsästhetischen und konstruktivistischen Grundlagen. In: Herzig, *Bardo*/Schwerdt, *Ulrich* (Hrsg.): Subjekt- oder Sachorientierung in der Didaktik? Aktuelle Beiträge zu einem didaktischen Grundproblem. Lit. Münster. 2002. S. 166.
5 Heine, *Heinrich*: In der Fremde. In: ders. Neue Gedichte. 8. Ausgabe. 1868. S.234.
6 Vgl. Anhang 1

wird durch die Bezeichnung der Haartracht als „in Flechten"[7] ein Bezug zur Natur hergestellt. Der Begriff ist dabei aufgrund seiner Mehrdeutigkeit von besonderem Interesse. Auf der einen Seite stellt er – durch den Bezug auf eine Frisur – eine auf die Tätigkeit des Flechtens bezogene Anwendung dar; im Sinne von: „sie trug das Haar geflochten." Bei diesem Deutungsansatz stellt das „in Flechten" eine künstlerische Variation des Wortes dar, das sich auf diese Weise als Motiv in das im Text präsente Wortfeld „Natur" einordnen lässt. Auf der anderen Seite lässt sich jedoch eine Deutung herauslesen, die über eine Beschreibung der Haaranordnung hinausgeht. Die Flechte zeichnet sich aus biologischer Perspektive als exklusive Lebensform mit einer mutualistischen Beziehung aus, bei der eine symbiotische Beziehung zwischen Pilz und filamentösen Algen zu beobachten ist.[8] Diese schon zu Heines Zeiten in der Biologie bekannte[9], seltene Form der Koexistenz, bei der beide Partner einer Gemeinschaft Vorteile aus der Verbindung ziehen, lässt sich strukturell auf das im Text geschilderte, anhand der Worte „lieb haben" und „küssen" ersichtliche romantische Zusammensein[10] übertragen. Auch wenn sich im Fall des romantischen Zusammenseins die langfristige Implikation ändert[11], so handelt es sich doch in beiden Fällen um eine situativ für beide Seiten vorteilhafte Zusammenkunft, weshalb die Wortwahl „in Flechten" sowohl aus sprachlicher als auch naturwissenschaftlicher Perspektive einen künstlerischen Mehrwert bietet. Dieser Mehrwert ist unabhängig von der Auffassung der Handlung als Traum oder als – im Rahmen der Fiktionalität des Textes – reale Handlung.[12]

Der zweite Begriff aus dem Wortfeld Natur stellt die „Lind"[13] dar. Die Linde verortet in einer direkten Betrachtung den Ort der geschilderten Handlung in der Natur. Ihr Bedeutungshorizont reicht dabei jedoch über eine exemplarische Funktion als pars pro toto hinaus. Die assoziativen Verknüpfungen wie „die herzförmigen Blätter und der süße Duft der Blüten" heben die Rolle dieses Baumes als „Lieblingsbaum der Liebenden" hervor.[14] Somit betont der Platz „unter der Lind"[15] als Handlungsort den romantischen Charakter des Zusammenseins. Ergänzend lässt sich eine geschlechtsspezifische

---

7 HEINE: In der Fremde. Z. 2.
8 Vgl. RAVEN, Peter H./EVERT, Ray F./EICHHORN, Susan E.: Biologie der Pflanzen. 4. Auflage. De Gruyter. Berlin. 2006. S.325f.
9 Vgl. WALLROTH, Friedrich Wilhelm: Naturgeschichte der Flechten. Zweyter Theil ; Physiologie und Pathologie des Flechtenlagers. o.V. Frankfurt a.M. 1827. S.7.
10 Vgl. HEINE: In der Fremde. Z. 5f.
11 Vgl. Ebd. Z. 9-10.
12 Vgl. Ebd. Z. 1 & 9.
13 Ebd. Z. 3.
14 Vgl. KORKISCH, Gustav: Schönhengster Volkskunde. Oldenbourg. München. 1982. S.69.
15 HEINE: In der Fremde. Z. 3.

Bedeutung des Baumes ausmachen. So ist die Linde der Eiche als weiblicher Gegenpart gegenübergestellt und zugeordnet.[16] Diese Hervorhebung der Weiblichkeit des Treffpunkts der Liebenden spiegelt sich im gesamten Handlungsverlauf wieder, da das – am in der zweiten Zeile verwendeten Genus als weiblich erkennbare – „schöne Kind"[17] die Kontrolle über die Zusammenkunft ausübt und das lyrische Ich allein zurücklässt.[18] Das Verständnis dieser Hervorhebung ist in Bezug auf die unklare Textsituation als Traum oder fiktionale Realität unterschiedlich zu bewerten, da in ersterem Fall ein Sehnen des lyrischen Ichs nach einer romantischen Zusammenkunft und die Kontrastierung zur wachen Realität im Mittelpunkt stünde, wohingegen in letzterem Fall die Dominanz des weiblichen Partners eher für den Verlauf der Beziehung von Relevanz wäre und somit die Beziehung an sich im Fokus stünde.

Die Symbolik der „Sommernacht"[19] verstärkt – unabhängig von der Interpretation als Traum oder Realität – die Betonung der Weiblichkeit, sowohl in Bezug auf das einzelne Wort als auch auf den Verlauf der Handlung, da die Nacht ebenso als Symbol für Weiblichkeit steht wie die Linde.[20] Zugleich stellt die Sommernacht eine kontrastierende, wertende Darstellungsweise der Nacht dar, die dem „Dunkeln"[21] gegenübersteht. Die zeitliche Einordnung in die Phase der Nacht ist bei beiden Begriffen gegeben; allerdings werden unterschiedliche Aspekte betont. Durch die Verknüpfung des positiv konnotierten, mit Lebensfreude verbundenen Begriffs des Sommers mit dem Begriff der Nacht wird die Assoziation eines warmen, behaglichen, lauen Abends hervorgehoben, wohingegen das Dunkle den elementaren Gegensatz darstellt und die ängstigenden, isolierenden Aspekte der Nacht in den Fokus rückt.[22]

Die letzten Begriffe aus dem Wortfeld Natur, der „Himmel" und die „Sterne" sind jeweils zweifach in Text präsent.[23] Es herrscht ebenso wie bei der vorherigen Gegenüberstellung ein Gegensatz, der allerdings in diesem Fall nicht durch eine unterschiedliche inhaltliche Konnotation der Worte, sondern durch den abweichenden Bezug im Text erzeugt wird. Das Symbol des Himmels selbst steht hierbei ebenso wie das der Sterne für das

---

16 Vgl. SCHÖNE, Anja: Weibliche Stadtplanung und frauengerechtes Wohnen. In: KÖHLE-HENZIGER, Christel/SCHARFE, Martin/BREDNICH, Rolf Wilhelm (Hrsg.): Männlich. Weiblich. Zur Bedeutung der Kategorie Geschlecht in der Kultur. Waxmann. Münster. 1999. S. 479.
17 HEINE: In der Fremde. Z.1f.
18 Vgl. Ebd. Z.10.
19 Ebd. Z.4.
20 Vgl. LÖHR, Katja: Sehnsucht als poetologisches Motiv bei Joseph von Eichendorff. Königshausen & Neumann. Würzburg. 2003. S.342.
21 HEINE: In der Fremde. Z.10.
22 Vgl. KURZ, Gerhard: Metapher, Allegorie, Symbol. Vandenhoeck & Ruprecht. Göttingen. 2004. S.72.
23 HEINE: In der Fremde. Z. 7 & 9f.

Unerreichbare, das dem Irdischen entgegen gesetzt ist.[24] Die Art der Beziehung ist dabei zunächst „beneidender" Natur, bei der die Sterne „seufzen", dass sie die Distanz zwischen Erde und Himmel nicht überwinden können.[25] In der dritten Strophe ändert sich diese Beziehung auf fundamentale Weise. Analog zum Ende der romantischen Zusammenkunft wandelt sich der Wunsch nach Teilhabe in Gleichgültigkeit.[26] Die Distanz zwischen Himmel und Erde, die es zuvor noch zu überwinden galt, wird nun durch das Wort „droben"[27] betont und als unüberwindbar gekennzeichnet.

Dieser erkennbare Bezug zwischen der Naturschilderung beziehungsweise der Naturwahrnehmung lässt sich auf den gesamten Text übertragen. Die in den ersten beiden Strophen verwendeten Begriffe aus dem Bereich der Natur lassen sich – wenn auch wertend in Bezug auf die Rolle der Geschlechter – durchweg in positiver Weise assoziieren, wogegen mit dem Ende der Zusammenkunft die „Sommernacht" zum „Dunkeln" wird und die Sterne nun nicht mehr den Anschluss zur Erde suchen. Insgesamt gesehen lässt sich daher von einer Rolle der Natur als Spiegel der Romanze reden.

2.2 Didaktische Vermittlung

Die Naturanalogie fügt sich nahtlos in die Reihe klassischer, im Deutschunterricht verbreiteten Zugänge zu einem lyrischen Text ein.[28] Daher ist gerade bei einem derart „klassischen" Zugangsweg die Auswahl der passenden Methode zur Vermeidung von Monotonie und damit letztlich einer Ablehnung durch die SchülerInnen von entscheidender Wichtigkeit.

Der Text ist zum Einsatz im Unterricht für alle Jahrgangsstufen geeignet. In der Primarstufe steht dabei eher das Vertrautmachen mit der im Text vorherrschenden klassischen Sprache und dem Wecken der allgemeinen Neugier auf lyrische Texte im Fokus, als die detaillierte, inhaltliche Analyse. Der Einsatz der „Konfetti-Methode"[29], bei der einzelne Buchstabengruppen mehrerer Wörter verdeckt und von den SchülerInnen ergänzt werden müssen, stellt einen guten Einstieg in eine mögliche Unterrichtsreihe dar, um auf spielerische Weise einen Zugang zur ihnen ungewohnten Sprache zu erzeugen. Neben einer anschließenden, mehrmaligen, begriffsklärenden Lektüre des Textes ist im

---

24 Vgl. VILLWOCK, *Jörg*: Die Sprache – ein „Gespräch der Seele mit Gott". Vittorio Klostermann. Frankfurt a.M. 1996. S. 370.
25 HEINE: In der Fremde. Z.7f.
26 Ebd. Z.11.
27 Ebd.Z.11.
28 Vgl. BEHRENDT/FOLDENAUER: Werkbuch Lyrik. 1979. S.32, 36 & 62.
29 Vgl. OPP, *Günther*/HELBIG, *Paul*/SPECK-HAMDAN, *Angelika* u.a.:Studientexte zur Grundschulpädagogik und -didaktik. Problemkinder in der Grundschule. Klinkhardt. Bad Heilbrunn. 1999. S.165.

4

Anschluss eine zeichnerische Erschließung der Situation durch die SchülerInnenschaft eine gute Möglichkeit zur Visualisierung der Szene. Dabei ist es möglich, die Klasse in zwei Gruppen aufzuteilen, wobei eine Hälfte die ersten beiden, die andere Hälfte die letzte Strophe bildlich darstellen soll. Als Vorbild zur Erschließung können Collagen mit Gesichtern aus Obst dienen[30]; es kann aber auch eine völlig frei gestellte malerisch-zeichnerische Interpretation erfolgen. Durch eine Gegenüberstellung der Ergebnisse und einer im Rahmen einer Gruppendiskussion erfolgenden Erarbeitung der Unterschiede kann ein umfassendes Bild der geschilderten Situation geschaffen werden und zugleich eine Einbeziehung des gesamten Klassenverbandes in den Bearbeitungsprozess erreicht werden. Die Endergebnisse der durch die Gegenüberstellung der Bilder entstehenden Analyse werden in Gruppenarbeit auf Plakate übertragen und im Klassenraum ausgehängt.

In der Unterstufe ist zum Abbau der noch vorhandenen, sprachbedingten Barriere – neben einem mehrmaligen Lesen – die Verbreiterung der Palette an Sinneseindrücken ebenfalls eine gute Möglichkeit, einen Zugang zum Text zu erlangen.[31] Im Bereich der audiovisuellen Präsentationen bietet sich beispielsweise die Nutzung eingängigen Filmmaterials an, um eine vergleichbare Situation zu visualisieren. Eine mögliche Wahl wäre der Ausschnitt von 55.19 bis 57.20 aus dem bei Jugendlichen beliebten Film „Twilight – Bis(s) zum Morgengrauen"[32], der durch eine Diskussion im Klassenverband zum Text in Bezug gesetzt werden könnte. Die Filmstelle eignet sich auf die ebenfalls vorhandene Verknüpfung vom Zustand einer Beziehung und der umgebenden Natur gut, um diesen Aspekt des Naturbezuges deutlich hervorzuheben und herausarbeiten zu lassen. Basierend auf diesem emotionalen, mehrere Sinne ansprechenden Zugang wäre eine anschließende Vorlesereihe möglich. Hierzu erstellen die SchülerInnen zunächst einen Untertext, um die gewonnen Erkenntnisse des Film-Text Vergleichs zur Konvertierung des Textes in eine für sie leichter zugängliche Sprachform zu nutzen. Dieser wird zunächst in Kleingruppen und später im Klassenverband vorgestellt, um vor dem Vortragen des Originaltextes Hemmnisse gegenüber dem Aufsagen lyrischer Texte abzubauen. Die Reihe könnte mir einer Überleitung zu anderen Gedichten ähnlichen Inhalts ihren Abschluss finden, um die erlernten Methoden wie das Erstellen eines Untertextes weiter einzuüben und zu festigen.

---

30 Vgl. HEINDL. *Ines*: Studienbuch Ernährungsbildung. ein europäisches Konzept zur schulischen Gesundheitsförderung. Klinkhardt. Bad Heilbrunn. 2003. S.100.
31 Vgl. DUNCKER, *Ludwig*: Die Grundschule. Schultheoretische Zugänge und didaktische Horizonte. Juventa. Weinheim. 2007. S.191f.
32 HARDWICKE, *Catherine*: Twilight.- Bis(s) zum Morgengrauen. USA. 2008.

Im Rahmen einer Behandlung des Textes in der Mittelstufe kann der Zugang bereits einen höheren Anteil kreativer Eigenleistung enthalten. Hier wäre ein Fortschreiben des Gedichtes durch die SchülerInnen eine geeignete Methode, um das Interesse für das Thema zu wecken. Der Arbeitsauftrag sähe das Schreiben eines eigenständigen Endes auf der Grundlage der ersten beiden Strophen vor. Die Ergebnisse würden im Klassenverband vorgestellt, besprochen und im nächsten Schritt mit der originalen dritten Strophe verglichen. Der Bruch im Originaltext kann anschließend zu den Arbeiten der Schüler in Bezug gesetzt und auf seine Auswirkungen auf den Leser hin untersucht werden.

In der Oberstufe lässt sich der wissenschaftlich-methodische Teil der Arbeitsleistung weiter ausbauen. Hier wäre eine klassische Analyse, in der die SchülerInnen das Gedicht in schriftlicher Form analysieren, ein umfassender Ansatz zum Verständnis des Gedichtes. Da diese Methode allerdings einen hohen Abnutzungseffekt hat, ist eine Ergänzung um eine freiere, kreative Methode zur Vermeidung von Demotivation von hohem Mehrwert.[33] Durch die freie Wahl des Mediums einer weiterführenden Beschäftigung mit dem Text könnte eine Projektarbeit umgesetzt werden, bei der die SchülerInnen beispielsweise einen eigenen Kurzfilm zum Thema drehen, eine musikalische Version des Textes erstellen und umsetzen oder das Gedicht in den Handlungsrahmen einer eigenen Kurzgeschichte einreihen.

Unabhängig von der Jahrgangsstufe stellt die Kombination aus dem Einüben einer festen Methodik zur Analyse von Texten, die Abwechslung des Unterrichtsablaufs und dem Ausbau der Faszination der Lyrik als besonderem Teilbereich der Literatur die wichtigste Anforderung und zugleich größte Erschwernis für den Unterricht dar.

3. Sprachliche Auffälligkeiten

3.1 Untersuchung des Zugangsweges

Teilt man die in den ersten beiden Strophen des Textes unter dem Gesichtspunkt der emotionalen Wertung genannten Begriffe in ein Wortfeld ein, so sind in Bezug auf die geschilderte Handlung bis auf eine Ausnahme alle mit einer tendenziell positiven Wertung zu versehen. Sowohl die Schilderung des „schönen Kindes"[34] als auch die lokale und temporale Verortung des Geschehens „unter der grünen Lind"[35] in „blauen

---

33 Vgl. EICHLER, *Berit*: Kreativer Umgang mit Lyrik in der Oberstufe. „Die Stützen der Gesellschaft" als Gedicht. Grin. Norderstedt. 2008. S.13.
34 HEINE: In der Fremde. Z.1.
35 HEINE: In der Fremde. Z.3.

Sommernächten"[36] wecken zumeist eher positive als negative Assoziationen. Ebenso verhält es sich mit dem „lieben und küssen"[37], um das das geschilderte Paar sogar von den Sternen am Himmel beneidet wird.[38]

Auffällig ist jedoch das Kosen im Sinne von „plaudern" oder „schwatzen"[39], das über „Freuden und Leiden"[40] erfolgt. Eine intime Zusammenkunft lässt sich gut mit einem Plaudern über Freuden in Bezug setzen. Problematischer ist dies jedoch im Falle des Leidens, das im Zuge eines solchen Zusammenseins störend bis irritierend wirkt. Ein Gespräch über Leiden lässt sich nur schwer mit einer romantischen, intimen Situation vereinbaren.

Diese Irritation wird durch die Charakterisierung der Konversation als „plaudern" oder „schwatzen"[41] verstärkt. „Plaudern" suggeriert ein eher beiläufiges Gespräch ohne großen Tiefgang; im deutschen Wörterbuch ist es mit „traulich schwatzen, albern, ungehörig schwatzen" und „klatschen" umschrieben[42], was sich nur schwer in Kombination mit der Leidensthematik vorstellen lässt. Dieser Eindruck wirkt durch den Plural von „Sommernächten"[43] bestärkt, der eine Wiederholung oder Regelmäßigkeit des Geschehens andeutet und somit ein beiläufiges Gespräch über Leiden zu einem normalen Bestandteil der Treffen machen würde.

Zur Erklärung dieser Auffälligkeit lassen sich drei Ansätze finden.

Zunächst ist der Begriff des Leidens auf einen möglichen Sprachwandel hin zu prüfen, um eine unveränderte Bedeutungskorrelation von „kosen" und „Leiden"[44] zu gewährleisten. Dabei wird deutlich, dass der Begriff des Leidens bei einer zeitgeschichtlich breiteren Auffassung seiner Verwendung nicht nur zur Bezeichnung von negativen, schmerzlichen Erfahrungen als Gegensatz zur Freude darstellt, sondern im Rahmen der Liebesdiskurse der Passion mit durchaus masochistischen Tendenzen ein Bestandteil zur Erlangung von Liebe sein kann.[45] Die Verschmelzung von Leid und Liebe stellt ein starkes, suggestives romantisches Motiv dar.[46] Das von Sehnsucht bestimmte, melancholische Herzensleid

---

36 Ebd. Z.4.
37 Ebd. Z.5.
38 Ebd. Z.7f.
39 Pfeifer, Wolfgang/Braun, Wilhelm: Etymologisches Wörterbuch des Deutschen. Bd. 3. Akadmie Verlag. Berlin. 1993. S. 1552.
40 Heine: In der Fremde. Z.6.
41 Ebd. Z.6.
42 Grimm, Jacob/Grimm, Wilhelm: Deutsches Wörterbuch. Bd. 13. Verlag von S. Hirzel. Leipzig. 1860. Sp. 1928-1931.
43 Heine: In der Fremde. Z.4.
44 Ebd. Z.6.
45 Vgl. Spörk, Ingrid: Liebe und Verfall. Familiengeschichten und Liebesdiskurse in Realismus und Spätrealismus. Königshausen & Neumann. Würzburg. 2000. S.41.
46 Vgl. Schneider, Sabine: Die Ironie der späten Lyrik Heines. Königshausen & Neumann. Würzburg. 1995.

stellt eine potentiell positiv konnotierte Form des Leidens dar. Somit kann sich der – in diesem Fall nur scheinbar vorhandene – Widerspruch durch eine Auffassung des Leidensbegriffs im Sinne der Romantik erklären und aufheben.

Eine zweite Möglichkeit stellt die Verknüpfung der Ausdrücke „Freuden" und „Leiden"[47] zu einem festen, zusammengehörenden Ausdruck dar. Zusammengezogen lässt sich der Ausdruck als vergleichbares Wortpaar zu Wendungen der moderneren Sprache wie „Gott und die Welt"[48] auffassen, das ein Reden über Nichtigkeiten des Alltags bezeichnet, die sich nicht auf ein einzelnes, übergeordnetes Gesprächsthema beziehen. Dieser Ansatz gewinnt besonders bei einer Betonung der körperlichen Komponente der Zusammenkunft an Gewicht, um den Austausch von Nichtigkeiten bei einem Gespräch unter Verliebten zu betonen, bei denen das eigentliche Thema der Unterhaltung weniger von Interesse ist als die Anwesenheit des Partners an sich.

Der dritte Ansatz stellt eher die Langfristigkeit der Beziehung in den Vordergrund, welche auch durch den angedeuteten wiederholenden Charakter der Treffen an Plausibilität gewinnt,[49] und geht von einem nicht romantisierten Leidensbegriff aus. Ein beiläufiges Plaudern über das eigene Leiden setzt eine große Vertrautheit zum Gegenüber voraus und suggeriert das Vorhandensein einer starken partnerschaftlichen Bindung. In einer längerfristigen, über das Physische hinausgehenden Beziehung stellt das gemeinsame Bestreiten des Alltags in Form der Teilhabe am Leben des Partners einen wesentlichen Bestandteil der Gemeinschaftlichkeit dar. Der Austausch über belastende, leidhaft erfahrene Dinge des Lebens ist ein wichtiger Form dieser Teilhabe, da durch diesen Akt der Offenheit eine vertrauensvolle Basis geschaffen und bestärkt werden kann.[50]

Diese Deutung der Beziehung von „kosen" und „Leiden"[51] führt zu einer stärkeren Dramatisierung des alleinigen Erwachens des lyrischen Ichs.[52] Der Text lässt es offen, ob das alleinige Erwachen des lyrischen Ichs mit einer Trennung und dem Ende der Beziehung gleichzusetzen ist. Aber durch die Wortwahl von Begriffen wie „Dunkeln" und „gleichgültig"[53], die die positive Akzentuierung der ersten beiden Strophen wie

---

S.222.

47 HEINE: In der Fremde. Z.6.

48 Vgl. BURRI, *Alexander*: Sprache und Denken. Grundlagen der Kommunikation und Kognition. De Gruyter. Berlin. 1997. S.5.

49 Vgl. HEINE: In der Fremde. Z.4.

50 Vgl. SCHNELL, *Martin W.*: Ethik der Interpersonalität. Die Zuwendung zum anderen Menschen im Licht der empirischen Forschung. Schlütersche Verlagsgesellschaft. Hannover. 2005. S.171.

51 HEINE: In der Fremde. Z.6.

52 Vgl. Ebd. Z.9.

53 HEINE: In der Fremde. Z.10.

„Sommernacht"[54] und „beneiden"[55] ablöst, wird zumindest eine negative Deutung des Geschehens wahrscheinlicher gemacht.

Unabhängig von der genauen Deutung des Zusammenhangs zwischen „kosen" und Leiden"[56] ist die Kombination als Auffälligkeit im Text zu charakterisieren, die einen Klärungsbedarf aufwirft und daher für eine nähere Analyse im Unterricht sowohl gehalt- als auch sinnvoll sein kann.

3.2 Didaktische Vermittlung

Die ungewöhnliche Wortkomposition aus „plaudern" und „Leiden"[57] eröffnet zwei Möglichkeiten des didaktischen Zugangs. Dieser ist von der Deutung der sprachlichen Auffälligkeit abhängig.

Die erste Möglichkeit wäre die Verknüpfung der Gedichtanalyse mit einer Unterrichtseinheit über Sprachwandel. Da dies eine gewisse Reflexivität gegenüber der eigenen Sprache erfordert, eignet sich eine Unterrichtsreihe mit dieser inhaltlichen Schwerpunktsetzung eher für die Mittel- und Oberstufe. Zu Beginn der Reihe könnte eine Wortfeldanalyse stehen, in der die SchülerInnen selbstständig Wortfelder zur Katalogisierung des Wortbestandes des Textes erstellen. Die Gefahr dieses freien Zugangs liegt in der fehlenden Sicherheit, im Zuge dieser Analyse zu einem Widerspruch zwischen „kosen" und „Leiden"[58] zu gelangen. Eine zu starke Lenkung des Prozesses durch den Lehrenden stellt eine „Manipulation"[59] der Schüler dar, welche sowohl didaktisch unzulässig ist,[60] als auch in Bezug auf den freien Charakter der Methode unglaubwürdig wirkt. Daher ist eine den Schülern die didaktischen Absichten erklärende Eröffnung, die die gezielte Suche nach sprachlichen Widersprüchen bei der Wortfeldanalyse offen legt und in den Mittelpunkt stellt, zur Lenkung und zum Erfolg der Unterrichtsreihe der bessere Weg, um der SchülerInnenschaft keine „didaktischen Illusionen"[61] vorzugaukeln.

Zur Fortführung der Unterrichtsreihe bietet sich eine freie Rechercheeinheit an. Die SchülerInnen teilen sich dabei in Gruppen auf, die den Wandel von Sprache anhand verschiedener Quellen untersuchen. Möglich wäre hier die Nutzung eines etymologischen

---

54 Ebd. Z. 4.
55 Ebd. Z. 8.
56 Ebd. Z.6.
57 Ebd. Z.6.
58 Ebd. Z.6.
59 Vgl. WEIS, *Uta*: Lesen in der Fremdsprache Deutsch. Eine empirische Studie zum Lesen linearer Texte im Vergleich zu Hypertexten. Books on demand. Norderstedt. 2000. S.48.
60 Ebd. S. 49f.
61 Vgl. KUBANEK-GERMAN, *Angelika*: Kindgemäßer Fremdsprachenunterricht. Bd. 2 Didaktik der Gegenwart. Waxmann. 2003. Münster. S.48.

Wörterbuches als klassische, wissenschaftlich gesicherte Quelle. Dem könnten Internetquellen gegenübergestellt werden, wobei eine Gruppe Wikipedia näher untersucht und die andere selbstständig nach anderen Quellen forscht. Dies ermöglicht einen Vergleich der Ergebnisse hinsichtlich der Korrektheit der Resultate sowie der Sicherheit der Quellenlage, was besonders in der Oberstufe eine gute Vorbereitung auf die Facharbeit ist. Eine vierte Gruppe kann Interviews mit alten Menschen durchführen, wobei hier aufgrund der Komplexität und der tendenziell geringen Erfahrungen von SchülerInnen mit der Durchführung von Interviews eine stärkere Unterstützung der Lehrkraft nötig ist, beispielsweise durch das Erstellen eines geeigneten Fragebogens, anhand dessen die Gruppe das Interview durchführen könnte. Diese persönlichen Wahrnehmungen können den wissenschaftlichen Zugangswegen gegenübergestellt werden und ermöglichen durch die Erarbeitung von Unterschieden der Ergebnisse beispielsweise eine anschließende Einheit oder einen Exkurs über die regionalen Unterschiede von Sprachwandel. Im Vergleich der verschiedenen Methoden stellt der Text, beziehungsweise dessen sprachliche Auffälligkeiten, stets den Untersuchungsgegenstand und Bezugspunkt dar, an dessen Beispiel der Vergleich erfolgen kann, so dass ein zu weites Abgleiten vom eigentlichen Thema vermieden werden kann.

Zur Sicherung der Arbeit bietet sich in Bezug auf die verwandten Methoden die Erstellung von Plakaten an, die im Klassenzimmer ausgehängt werden. Zur Verfestigung der textbasierten Ergebnisse kann ein abschließender Aufsatz über den Vergleich des Sprachwandels im Text und des – anhand der durch die Unterrichtseinheit dafür sensibilisierten Wahrnehmung – im eigenen Erfahrungshorizont festzustellenden Sprachwandels dienen.

Einen zweiten Zugang stellen die Implikationen und Ableitungen aus der potentiell gegensätzlichen Wortwahl für die geschilderte Beziehung[62] dar. Zunächst wird das Gedicht gemeinsam auf den Beziehungsaspekt hin gelesen. Im Anschluss erfolgt eine von den SchülerInnen autonom geleitete Diskussion im Klassenverband über die geschilderte Beziehung und die möglichen Rückschlüsse anhand der sprachlichen Kombination von „kosen" und „Leiden"[63] sowie das alleinige Erwachen des lyrischen Ichs[64] auf eben diese. Die Lehrkraft strukturiert die Ergebnisse der freien Diskussion an der Tafel und greift lediglich ein, um den Moderierenden zu unterstützen oder eine Stagnation des Diskurses zu beheben. Anhand der Diskussionsergebnisse werden im Anschluss die

---

62 Vgl. HEINE: In der Fremde. Z. 5f.
63 Ebd. Z. 6.
64 Vgl. Ebd. Z.10.

Themenschwerpunkte der Beziehungsrealitäten, der Rolle des alleinigen Aufwachens sowie der von den SchülerInnen im Diskurs ermittelten und gewünschten Schwerpunkte näher thematisiert. Da das Thema Beziehungen einen reflektierten, gefestigten Standpunkt voraussetzt, eignet sich das Thema erst für die späte Mittel- sowie die Oberstufe. Zur Erarbeitung des Themas bietet sich die Verfassung einer Kurzgeschichte im Rahmen einer umfassenderen Hausaufgabe an, bei der die Treffen und die Gespräche der Liebespaares unter der Linde[65] sowie das alleinige Aufwachen des lyrischen Ichs[66] als Ecksteine integriert sein sollen. Die Form der Kurzgeschichte ermöglicht dabei eine Verknüpfung von kreativem Schreiben und der Integration eigener Erfahrungen der SchülerInnen in fiktionalisierter Form und schafft zugleich durch die Verlagerung in die Heimarbeit die nötige Distanz, um sich ohne den Druck des Klassenverbandes mit dem Thema auseinander setzen zu können.

In der anschließenden Vorstellung werden die Geschichten hinsichtlich ihres Handlungsaufbaus und des Endes der Geschichte miteinander verglichen. Hierzu lesen einzelne Schülerinnen ihren Text vor und stellen ihn zur Diskussion. Ein Schüler oder eine Schülerin protokolliert dabei die Ergebnisse und stellt sie in tabellarischer Form gegenüber. Zur Sicherung der Unterrichtseinheit bietet sich mit dem Einverständnis der SchülerInnen die Erstellung eines Sammelbandes der geschriebenen Kurzgeschichten an, in den auch die strukturierte Mind Map aus der Anfangsdiskussion sowie die tabellarische Übersicht des Protokollanten eingefügt werden und die im Anschluss in die Klassenbibliothek – sofern vorhanden – eingefügt wird oder – im Fall der Behandlung in der Oberstufe, in der kein fester Klassenverband mehr existiert – dem gesamten Kurs in gedruckter oder digitaler Form übergeben wird.

Beide Zugänge ermöglichen eine Abwechslung von der „klassischen" Gedichtanalyse in Form einer schriftlichen Arbeit, wobei der Fokus im ersten Ansatz auf der Verknüpfung von Sprachanalyse und Methoden der Recherche liegt, wohingegen der zweite Ansatz die Analyse eines Textes mit einem eigenen, kreativen Schreibprozess in den Mittelpunkt rückt und durch die Themenwahl der Beziehung eine Brücke zwischen Text und Leben der SchülerInnen schlägt.

---

65 Vgl. HEINE: In der Fremde. Z. 3.
66 Vgl. Ebd. Z.10.

4. Fazit

Der Themenkomplex der Lyrik erlaubt eine Vielzahl an unterschiedlichen Zugängen, didaktischen Methoden und Arbeitsweisen. Der Lernstoff kann von den SchülerInnen in einer Verknüpfung aus didaktischer Zielsetzung und verwendeter Methodik sozial, kommunikativ und medial angeeignet werden.[67] Die Möglichkeiten des Zugangs zum Text sind dabei besonders in diesem Teilbereich des Deutschunterrichts sehr zahlreich. Gemäß der Diskursanalyse Michel Foucaults kann an jeden Text eine unendliche Anzahl neuer Diskurse herangetragen werden.[68] Dies gilt im Besonderen im Bereich der lyrischen Texte, da diese sich durch eine besondere Sprachdichte auszeichnen,[69] die bereits rein aus dem Text heraus auch ohne das Herantragen weiterer Diskurse an den Text eine Vielzahl an Deutungen zulassen. Die in dieser Ausarbeitung thematisierten Zugangswege stellen daher auch nur zwei exemplarische aus einer Vielzahl an denkbaren Zugängen dar. Weitere Möglichkeiten wären eine nähere Untersuchung der im Gedicht auftauchenden Begriffe von Farbe und Helligkeit, in der die Häufung von Farbbegriffen in den ersten beiden Strophen[70] der Farblosigkeit des „Dunkeln"[71] in der dritten Strophe gegenübergestellt wird oder ein Vergleich zur Drogenthematik durch das intensive Erleben der Emotionen in den ersten beiden Strophen sowie die dagegen eintönig und farblos erscheinende Wahrnehmung in der dritten Strophe, so dass durch die Parallelen zum Drogenkonsum eine Reihe über Drogenprävention mit der Gedichtanalyse verknüpft werden könnte.

Dieser Reichtum an unterschiedlichen Lesarten und Textauffassungen bei lyrischen Texten sollte durch eine abwechslungsreiche, auf die Unterrichtseinheit zugeschnittene Didaktik und Methodik widergespiegelt werden.

---

67 Vgl. OSSNER, *Jakob*: Sprachdidaktik Deutsch. 2.,überarb. Aufl. Schöningh. Paderborn. 2008. S.26.
68 Vgl. KAMMLER, *Clemens*: Historische Diskursanalyse. In: BOGDAL, *Klaus Michael* (Hrsg.): Neue Literaturtheorien. Eine Einführung. Vandenhoeck & Ruprecht. Göttingen. 2005. S.33.
69 Vgl. EBRECHT, *Katharina*: Heiner Müllers Lyrik: Quellen und Vorbilder. Königshausen & Neumann. Würzburg. 2001. S.150.
70 Vgl. HEINE: In der Fremde. Z. 3, 4 und 7.
71 Ebd. Z.10.

Literaturverzeichnis

BEHRENDT, *Martin*/FOLDENAUER, *Karl*: Werkbuch Lyrik. Westermann. 1979

BURRI, *Alexander*: Sprache und Denken. Grundlagen der Kommunikation und Kognition. De Gruyter. Berlin. 1997

DUNCKER, *Ludwig*: Die Grundschule. Schultheoretische Zugänge und didaktische Horizonte. Juventa. Weinheim. 2007

EICHLER, *Berit*: Kreativer Umgang mit Lyrik in der Oberstufe. „Die Stützen der Gesellschaft" als Gedicht. Grin. Norderstedt. 2008

ENZENSBERGER, *Hans Markus*: Ins Lesebuch für die Oberstufe. In: ders. Verteidigung der Wölfe. Suhrkamp. Berlin. 1957

EBRECHT, *Katharina*: Heiner Müllers Lyrik: Quellen und Vorbilder. Königshausen & Neumann. Würzburg. 2001

GRIMM, *Jacob*/GRIMM, *Wilhelm*: Deutsches Wörterbuch. Bd. 13. Verlag von S. Hirzel. Leipzig. 1860

HÄUSSER, *Sonja*: Förderung der Vorstellungsbilder anhand visualisierender Methoden zu lyrischen Texten der Neuen Subjektivität. Grin. Norderstedt. 2008

HEINDL. *Ines*: Studienbuch Ernährungsbildung. ein europäisches Konzept zur schulischen Gesundheitsförderung. Klinkhardt. Bad Heilbrunn. 2003

HEINE, *Heinrich*: In der Fremde. In: ders. Neue Gedichte. 8. Ausgabe. 1868

KAMMLER, *Clemens*: Historische Diskursanalyse. In: BOGDAL, *Klaus Michael* (Hrsg.): Neue Literaturtheorien. Eine Einführung. Vandenhoeck & Ruprecht. Göttingen. 2005. S.33

KORKISCH, *Gustav*: Schönhengster Volkskunde. Oldenbourg. München. 1982

KUBANEK-GERMAN, *Angelika*: Kindgemäßer Fremdsprachenunterricht. Bd. 2 Didaktik der Gegenwart. Waxmann. 2003. Münster. S.48

KURZ, *Gerhard*: Metapher, Allegorie, Symbol. Vandenhoeck & Ruprecht. Göttingen. 2004

LÖHR, *Katja*: Sehnsucht als poetologisches Motiv bei Joseph von Eichendorff. Königshausen & Neumann. Würzburg. 2003

OPP, *Günther*/HELBIG, *Paul*/SPECK-HAMDAN, *Angelika* u.a.:Studientexte zur Grundschulpädagogik und -didaktik. Problemkinder in der Grundschule. Klinkhardt. Bad Heilbrunn. 1999

I

Ossner, *Jakob*: Sprachdidaktik Deutsch. 2.,überarb. Aufl. Schöningh. Paderborn. 2008

Pfeifer, *Wolfgang*/Braun, *Wilhelm*: Etymologisches Wörterbuch des Deutschen. Bd. 3. Akadmie Verlag. Berlin. 1993

Raven, *Peter H.*/Evert, *Ray F.*/Eichhorn, *Susan E.*: Biologie der Pflanzen. 4. Auflage. De Gruyter. Berlin. 2006

Schneider, *Sabine*: Die Ironie der späten Lyrik Heines. Königshausen & Neumann. Würzburg. 1995

Schnell, *Martin W.*: Ethik der Interpersonalität. Die Zuwendung zum anderen Menschen im Licht der empirischen Forschung. Schlütersche Verlagsgesellschaft. Hannover. 2005

Schöne, *Anja*: Weibliche Stadtplanung und frauengerechtes Wohnen. In: Köhle-Henziger, *Christel*/Scharfe, *Martin*/Brednich, *Rolf Wilhelm* (Hrsg.): Männlich. Weiblich. Zur Bedeutung der Kategorie Geschlecht in der Kultur. Waxmann. Münster. 1999. S. 479

Spörk, *Ingrid*: Liebe und Verfall. Familiengeschichten und Liebesdiskurse in Realismus und Spätrealismus. Königshausen & Neumann. Würzburg. 2000

Villwock, *Jörg*: Die Sprache – ein „Gespräch der Seele mit Gott". Vittorio Klostermann. Frankfurt a.M. 1996

Vorst, *Claudia*: Der Schlüssel im Leser – Produktionsorientierter Umgang mit Literatur auf rezeptionsästhetischen und konstruktivistischen Grundlagen. In: Herzig, *Bardo*/Schwerdt, *Ulrich* (Hrsg.): Subjekt- oder Sachorientierung in der Didaktik? Aktuelle Beiträge zu einem didaktischen Grundproblem. Lit. Münster. 2002. S. 166

Wallroth, *Friedrich Wilhelm*: Naturgeschichte der Flechten. Zweyter Theil ; Physiologie und Pathologie des Flechtenlagers. o.V. Frankfurt a.M. 1827

Weis, *Uta*: Lesen in der Fremdsprache Deutsch. Eine empirische Studie zum Lesen linearer Texte im Vergleich zu Hypertexten. Books on demand. Norderstedt. 2000

II

Anhang

Anhang 1:
Heinrich Heine
In der Fremde

Mir träumte von einem schönen Kind,
Sie trug das Haar in **_Flechten_**;
Wir saßen unter der grünen **_Lind_**
In blauen **_Sommernächten_**.

5   Wir hatten uns lieb und küßten uns gern,
Und kosten* von Freuden und Leiden.
Es seufzten am **_Himmel_** die gelben **_Stern_**,
Sie schienen uns zu beneiden.

Ich bin erwacht und schau mich um,
10   Ich steh allein im **_Dunkeln_**.
Am **_Himmel_** droben, gleichgültig und stumm,
Seh ich die **_Sterne_** funkeln.

(* plaudern, schwatzen)